L'ÉLÉMENT JURIDIQUE

DANS

LA SCIENCE DE L'ÉTAT

ET

LA MÉTHODE JURIDIQUE

PAR

M. G. JELLINEK

PROFESSEUR DE DROIT A L'UNIVERSITÉ DE HEIDELBERG

TRADUCTION

De MM. G. FARDIS et Ch. BOURGOING-DUMONTEIL

AVOCATS

PARIS

ANCIENNE LIBRAIRIE THORIN ET FILS

ALBERT FONTEMOING, ÉDITEUR

Libraire des Écoles Françaises d'Athènes et de Rome

du Collège de France et de l'École Normale Supérieure

4, RUE LE GOFF, 4

1903

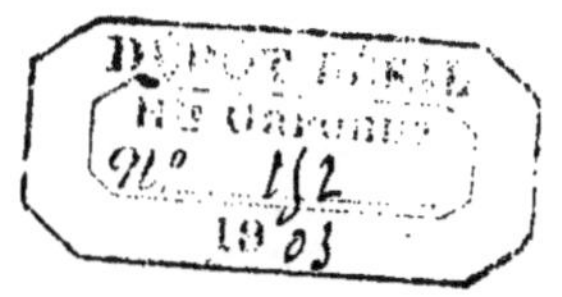

L'ÉLÉMENT JURIDIQUE

DANS

LA SCIENCE DE L'ÉTAT

ET

LA MÉTHODE JURIDIQUE

Extrait de la *Revue générale du droit.*

TOULOUSE. — IMPRIMERIE A. CHAUVIN ET FILS, RUE DES SALENQUES, 28.

L'ÉLÉMENT JURIDIQUE

DANS

LA SCIENCE DE L'ÉTAT

ET

LA MÉTHODE JURIDIQUE

PAR

M. G. JELLINEK

PROFESSEUR DE DROIT A L'UNIVERSITÉ DE HEIDELBERG

TRADUCTION

De MM. G. FARDIS et Ch. BOURGOING-DUMONTEIL

AVOCATS

PARIS

ANCIENNE LIBRAIRIE THORIN ET FILS

ALBERT FONTEMOING, ÉDITEUR

Libraire des Écoles Françaises d'Athènes et de Rome

du Collège de France et de l'École Normale Supérieure

4, RUE LE GOFF, 4

1903

L'ÉLÉMENT JURIDIQUE

DANS

LA SCIENCE DE L'ÉTAT

ET

LA MÉTHODE JURIDIQUE (1)

Lorsqu'on veut entreprendre aujourd'hui l'étude des grands problèmes sociaux, on se trouve de prime abord arrêté par un obstacle : on manque d'une méthode qui aille au fond des choses. Le plus grand désarroi règne sur ce point dans la littérature de la science de l'Etat. Un grand nombre d'écrivains — et parmi eux ceux-là même à qui l'on doit des recherches de détail les plus méritantes — n'arrivent pas à la nette compréhension des difficultés que présente l'étude des phénomènes fondamentaux ; ils ne savent pas combien il faut observer de nuances pour ne pas être induit en erreur, combien il est facile en cette matière de prendre des fantômes et des analogies pour des vérités réelles.

C'est à peine si l'on a commencé à construire, pour les sciences sociales, une logique systématique et compréhensive, capable de donner la clef de toutes les difficultés, et qui serait analogue à celle qu'on a tenté de nos jours, et avec succès, pour les sciences naturelles. Et ce qu'on a fait dans cet ordre

(1) Extrait d'un volume qui va paraître à la librairie Fontemoing sous le titre : *L'Etat moderne et son droit.* Première partie : *Doctrine générale de l'Etat.* Livre I : INTRODUCTION A LA DOCTRINE GÉNÉRALE DE L'ÉTAT, par M. George Jellinek, professeur de droit à l'Université de Heidelberg. Edition française, revue et augmentée par l'auteur, et traduite de son autorisation par MM. G. Fardis et Ch. Bourgoing-Dumonteil, avocats, avec une préface de l'auteur et une introduction et des annotations de M. H. Berthelemy, professeur à la Faculté de droit de Paris.

d'idées est tout spécial; il se restreint aux questions d'histoire, d'économie politique, de statistique, de sociologie ; sur la théorie de l'Etat proprement dite, on ne trouve rien ou presque rien. La conséquence, c'est que, sur ce terrain, on a pu jusqu'à nos jours émettre les théories les plus insensées; de pures imaginations, dénuées de tout fondement, mais exposées avec aplomb, ont pu être prises en considération scientifique et discutées sérieusement. L'affirmation valait pour le fait, la conviction personnelle pour la démonstration; l'obscurité passait pour de la profondeur. La spéculation la plus arbitraire était considérée comme une manière de connaissance supérieure.

C'est encore la cause principale de cette lacune considérable en présence de laquelle on se trouve lorsqu'on examine la littérature de la science de l'Etat jusqu'à nos jours. On ne rencontre pas, dans ces dernières années, une seule œuvre systématique qui se soit imposée d'une façon indiscutable. Les vieilles méthodes, incertaines, insuffisantes, — ou plutôt l'ancienne absence de méthode, — ne répondent plus aux exigences de la science moderne. Quant aux nouvelles méthodes, elles s'élaborent seulement et sont encore dans l'enfance. Partant, on se tire comme on peut des concepts les plus importants, et l'on fait porter tout l'intérêt, tout l'effort des recherches sur les questions de détail. Mais, alors même qu'on procède ainsi, on se trouve obligé souvent, et sur des points essentiels, de procéder par voie de déduction des concepts primordiaux, et de là des erreurs capitales qui ferment la voie à tout progrès véritable. Il faut donc que toute recherche sur les phénomènes essentiels de l'Etat commence par fixer les pricipes de la méthode, et, pour cela, elle s'appuiera sur les résultats fondamentaux de la méthodologie et de la logique. Alors seulement on possédera un instrument critique sûr qui permettra de se frayer une voie dans les fouilles de la littérature : c'est la condition indispensable de toute recherche fructueuse et personnelle.

*
* *

. . . .

L'étude juridique de l'Etat comprend un domaine bien délimité dans la doctrine de l'Etat. Cependant, il ne faut pas oublier qu'elle n'est qu'une partie d'un tout; la doctrine de l'Etat et la doctrine juridique de l'Etat ne sont donc pas des termes qui s'excluent.

Toutefois, dans un intérêt de méthode, il convient de les distinguer et d'opposer la doctrine sociale de l'Etat qui examine le groupement étatique comme formation sociale dans l'ensemble de son être, et la doctrine juridique de l'Etat qui se limite à un point de vue juridique.

Cette distinction et cette opposition sont fondées sur la différence des méthodes qu'on doit employer dans l'une et dans l'autre sphères d'études; aussi faut-il éviter de confondre quand on expose la doctrine de l'Etat, l'élément juridique avec ce qui ne rentre pas dans le droit.

Si l'on comprend bien cette distinction et la connexion intime de ces deux domaines dont l'ensemble constitue la doctrine de l'Etat, on écarte sans peine une double erreur, grosse de conséquences : on pouvait croire, tout d'abord, que l'unique façon de donner de l'Etat une explication exacte, c'est le procédé historique, sociologique, politique... Bref, le procédé non juridique. On pouvait aussi et en sens contraire penser qu'il appartient au seul juriste de résoudre avec ses seules forces tous les problèmes qui se rattachent aux manifestations étatiques.

*
* *

. . . .

Les différentes disciplines de la science de l'Etat doivent être considérées sous un dernier aspect : il procède de la distinction fondamentale entre le concept de causalité et le concept de la règle impérative, de la *norme*.

Il y a deux sortes de règles ou de lois : les unes constatent des rapports de causalité entre différentes manifestations, les autres contiennent simplement une prescription impérative ; celles-ci fixent et ordonnent qu'on se conduise d'une façon déterminée; leur réalistion n'est possible que si l'on y adapte sa pensée et ses actes, selon les cas; elles ne valent qu'à cette condition.

Il y a donc des règles qui expriment ce qui est et d'autres qui ordonnent que quelque chose soit. Cette seconde catégorie de règles sont les règles impératives ou *normes*. Aussi bien que les premières, elles peuvent faire l'objet d'une description ou d'une explication. Une des tâches les plus élevées de la science sociale est de constater les règles impératives, de noter leur importance pour l'action sociale, de comprendre leur connexion intime avec les différentes forces sociales par le fait desquelles elle sont pu germer dans notre conscience. Parmi ces normes, les plus importantes pour la science de l'Etat sont, assurément, les normes juridiques. La science du droit ne se propose pas d'étudier des rapports de causalité ; les règles qu'elle examine n'ont rien de commun avec les lois naturelles. Il en résulte une distinction capitale à faire, au point de vue de la méthode, entre la doctrine sociale de l'Etat et la doctrine juridique ou le droit public. La première examine les rapports de fait dans l'Etat, leur développement historique, « l'état naturel du groupement étatique, » son « histoire naturelle, » encore que cette terminologie ne soit pas à l'abri de tout reproche. Le droit public, au contraire, étudie les normes juridiques qui s'y manifestent. Ces normes n'ont pas, d'ailleurs, d'existence réelle en elles-mêmes et par elles-mêmes; il faut qu'elles soient réalisées par l'activité humaine, s'exerçant d'une manière continue. Cette distinction fondamentale nous permettra d'éviter, une fois pour toutes, de confondre ces deux parties de la doctrine de l'Etat.

Les normes juridiques sont des règles impératives qui valent dans toute leur force, c'est-à-dire qui s'appliquent en réalité. Les garanties dont elles sont munies en assurent l'exécution. Cette force d'application leur donne en quelque sorte une existence de fait. Elles se présentent ainsi sous un caractère double : ce ne sont pas seulement des prescriptions qu'il faut réaliser, elles le sont effectivement. Le droit positif, et c'est ce qui le distingue des autres normes, se manifeste comme une force active et réelle, et il exerce comme tel des effets qu'on peut déterminer à l'avance. En ce sens et sous cet aspect, il appartient au domaine des sciences qui étudient ce qui est. Ainsi, lorsqu'on examine les institutions juridiques et les faits sociaux au point de vue historique ou économique, on ne voit dans le droit qu'un élément de fait de la vie d'un peuple. On ne l'envisage qu'en tant qu'il se manifeste dans la vie et agit sur elle : on ne l'étudie pas comme un ensemble de normes abstraites. L'histoire, en particulier, saisit le droit en tant que fait, et seulement dans la mesure où il produit des effets extérieurs. La *méthode juridique, par contre, ne se propose que de déterminer le contenu abstrait des règles de droit et de déduire les conséquences qu'elles comportent* (1).

*
* *

*Pour le juriste qui veut dégager la notion de l'Etat, il ne s'agit de répondre qu'à la question suivante : comment faut-il que je me représente l'Etat au point de vue juridique? La solution de ce problème ne doit pas, dans notre pensée, nous donner une connaissance complète de l'Etat à tous les points de vue. On sait, en effet, qu'un seul et même fait, un seul et même objet peuvent se présenter et être envisagés sous une infinité d'aspects. Quelques différences d'ailleurs qui existent entre eux, il s'en faut que ces différents aspects soient en contradiction les uns avec les autres. Suivant l'angle sous lequel nous nous plaçons, nous obtenons des représentations différentes, et ce serait la plus grave des erreurs de méthode que de vouloir assigner, pour base aux investigations d'un domaine scientifique déterminé, la manière de voir propre à un domaine tout différent.

*Un exemple fera bien comprendre la portée de ces considérations. On ne peut pas dire qu'une symphonie constitue un objet définissable et constant pour la physiologie et pour la psychologie. Si l'on se place au point de vue des connaissances naturelles, on n'y trouve qu'une série de vibrations dans le monde objectif extérieur; à l'intérieur de l'homme, ces vibrations se répercutent en une série de sensations auditives; grâce à un processus psychologique très compliqué, certains hom-

(1) Les alinéas ci-dessus marqués par un astérisque * contiennent l'exposé fait par le traducteur, M. Fardis, des idées de M. G. Jellinek sur cette question. Elles sont développées dans le *System der subjektiven öffentl. Rechte*, p. 13 et suiv., auquel l'auteur renvoie à cette place. Cet exposé a été approuvé par l'auteur. G. F.

mes reproduisent sur des instruments de musique certaines combinaisons de sons qui sont nées dans la pensée d'un individu : l'ensemble des sons produits à un moment déterminé, et durant une certaine continuité de temps, interrompue seulement par les pauses, se trouve ramené à l'unité dans l'esprit des auditeurs par une suite d'opérations très complexes; cette impression n'est pas la même dans chacun des individus qui composent le public : chacun fait intervenir ici ses prédispositions, son aptitude à comprendre et à sentir, son état d'âme. C'est cette explication, ou une explication analogue que le naturaliste ou le psychologue nous donneront des processus acoustico-psychologiques qui se présentent lors de l'exécution d'une symphonie. Pour eux, il n'y aura pas un objet véritable qui tombe sous les sens et que l'on puisse déterminer par des méthodes scientifiques : la symphonie. Et ils pourront, en conséquence, considérer comme un esprit anti-scientifique celui qui leur viendrait dire : en dehors de la reproduction possible d'un morceau de musique et des notations qui permettent d'y arriver, il y a quelque chose de réel qui répond à ce nom de symphonie, et ce quelque chose existe dans la réalité au même titre que l'éther, que les molécules de l'air et que les vibrations.

Veut-on se placer dans le domaine de l'esthétique? Le point de vue devient tout autre. La symphonie apparaît alors comme quelque chose qu'on peut étudier en tant que symphonie. Les processus psychologiques qui ont pris naissance chez un individu, mais qui se répètent ensuite chez des milliers et des milliers d'êtres à des époques différentes, ont, en quelque sorte, une individualité propre aux yeux de l'esthétique, une réalité distincte, un contenu que la conscience saisit. Il existe ainsi, dans le monde des sensations d'art, une vérité qui n'a rien de commun avec celle du monde des connaissances naturelles. La symphonie en ut mineur de Beethoven est, au point de vue du sentiment et de la perception musicale, la réalité la plus profonde, la plus indiscutablement vraie, la plus puissante : toute la science naturelle ne peut rien contre la conscience de cette réalité. De même les tableaux de Raphaël et de Titien, les types et les formes poétiques de Schakespeare et de Goethe, sont pour l'esthétique des types réels. Si l'on reste, au contraire, dans le domaine des conceptions et des théories de la science naturelle, il n'y a là que des phénomènes psychologiques très compliqués, mais sans aucune substance propre. Ce serait, dans ces conditions, grave erreur de substituer l'un de ces points de vue à l'autre : le monde des connaissances naturelles et celui des sensations esthétiques sont deux domaines absolument distincts. D'ailleurs, les deux manières de voir ne sont pas en contradiction l'une avec l'autre : des deux côtés on étudie un même fait objectif, seulement on se place sous des angles absolument différents.

* Et quand l'empiriste vient reprocher à l'esthéticien de poursuivre des fictions, car les créations de l'art ne sont pas autre chose pour lui, quand il lui dit que dans la réalité du monde objectif on n'a jamais trouvé ni un Hamlet, ni un Faust, qu'il n'y a pas de Vénus de Milo, ni de Madone de Raphaël, ni de Symphonie Héroïque ; quand il veut lui prouver qu'il n'y a que des lettres et du papier, des morceaux de marbre sculpté, des toiles couvertes de couleurs, ou des cahiers de notes remplis de signes embrouillés, susceptibles de déterminer, dans certaines circonstances, certains processus psychologiques, l'esthéticien est parfaitement fondé à lui répondre : c'est votre entendement qui est borné ; il ne comprend pas que le monde du beau ressortît, quant à ses bases psychologiques et physiologiques, de la psychologie et de la physiologie, mais que son contenu, son essence propre, sont inaccessibles à ces sciences.

* Les choses se comportent d'une manière analogue en matière de droit.

* Se place-t-on au point de vue des sciences concrètes, on ne peut pas dire que les règles juridiques existent comme substance, ou comme attribut d'une substance ; on n'y découvre qu'un ensemble de processus psychologiques, ou bien des relations d'individus à individus : ils se traduisent en des rapports déterminés que nous concevons comme des droits subjectifs ou des institutions juridiques objectives. Mais les concepts juridiques ne répondent à aucune substance concrète : aucun objet matériel ne leur correspond dans le monde extérieur. Le droit de propriété et de possession, le droit de gage et le droit de servitude, le contrat de mariage et le droit de succession, ne sont pas des objets concrets ou des attributs de choses, mais des relations d'une telle complexité, qu'il est

difficile de se les représenter dans tout leur ensemble. Le monde juridique est un monde d'idées, il se comporte vis-à-vis du monde tangible comme le monde de l'art vis-à-vis du monde des sciences naturelles.

*On ne saurait donc trop se garder de confondre le domaine des études juridiques avec celui des sciences concrètes. Le monde de l'action, le monde de la vie pratique n'est pas le monde des choses en soi, mais le monde des choses par rapport à nous, envisagé sous un angle spécial. C'est un monde d'intérêts humains, de passions humaines qui doivent être canalisés et mis en harmonie. C'est dans le monde des valeurs et des buts humains que le système juridique a sa place. Sans la conception de la relation et de la destination, il est absolument impossible de comprendre les actions humaines. Si le droit est fondé à réunir en un tout, en une individualité propre, les faits les plus différents, c'est en raison de leur relation ou de leur destination : à ce point de vue seulement, il arrive à les coordonner en une unité de conception. Une pluralité d'hommes se trouve ramenée à l'unité par la pensée de leur destination, parce qu'ils poursuivent un but déterminé, le même pour tous. Ce but qui est un, et qui se continue, fait considérer les hommes qui le poursuivent, bien que leur personnalité diffère, comme une unité. C'est l'*unitas rerum distantium*. Il faut y ajouter l'*unitas personarum succedentium*. La *firma*, la raison sociale, par exemple, apparaît, vis-à-vis des tiers, comme une unité continue, encore que la personne des titulaires puisse changer. Le juge de paix, le ministre, le monarque, sont, dans leur activité publique, un organe qui ne périt point, alors même qu'à l'organe en question correspondent toujours des hommes qui meurent. Mais il n'y a point là de fiction. Peut-on dire que c'est une fiction : « la sentinelle qui se tient en permanence devant la maison du général commandant? » Et pourtant la personne des sentinelles qui montent la garde change toutes les deux heures!

*Le monde juridique est un monde d'abstractions, mais non pas de fictions. A la base de l'abstraction il y a toute une suite de *processus* réels qui se sont passés dans le monde extérieur et dans notre être interne. Tout autre est le caractère de la fiction. A la place des faits réels, elle fait intervenir des faits imaginaires : elle donne à ceux-ci la même réalité, elle les place sur la même ligne. L'abstraction repose sur des faits, la fiction sur la fantaisie pure (1). Pour méconnaître cette différence fondamentale de l'abstraction et de la fiction, le droit public a dû, en grande partie, avoir admis tant de conceptions radicalement erronées sur bien des questions de la plus haute importance.

*Le juriste conscient de son rôle limité reste dans le monde subjectif qui est celui de la vie juridique; son domaine, c'est le monde pratique qui produit des abstractions et des unités, et les reconnaît sans se demander si elles ont une réalité au point de vue des sciences naturelles. Quant aux faits concrets qui se trouvent à la base de ce monde subjectif abstrait, réel seulement par rapport à l'homme, ils peuvent faire la matière d'une étude psychologique et physiologique, tout aussi bien que d'une spéculation métaphysique. Toutes ces disciplines ont leur méthode propre bien définie et conforme à la nature de leur objet. Mais ce n'est pas la méthode, ni la conception de ces disciplines qui conviennent à la jurisprudence.

*La dogmatique du droit ne peut pas et ne veut pas connaître les faits en soi, leur entité propre. Elle ne constate pas des lois naturelles qui agissent avec une force invincible. Son objet est de saisir le contenu des normes, règles hypothétiques qui n'ont rien de commun avec les rapports nécessaires de causalité. Prenons, par exemple, l'institution de la propriété. La tâche du juriste n'est pas d'examiner les faits naturels, ceux relatifs à la psychologie de l'individu ou des foules qui ont abouti à cette institution, et cependant ces faits sont d'une importance indiscutable pour l'ensemble des connaissances humaines. Il n'a à répondre qu'à une question : *comment faut-il qu'on se représente la propriété pour pouvoir réunir toutes les règles qui s'y rapportent dans une notion unique non contradictoire* (2)? Il laisse de côté la nature propre de la propriété : il

(1) On peut dire qu'ici le droit a son pendant dans les mathématiques. Les mathématiques s'occupent de qualités abstraites, le droit traite des rapports politiques abstraits. Mais personne n'a jamais songé à nier l'existence du point ou de la ligne, parce qu'on ne saurait les rencontrer dans la réalité tangible; personne n'a songé à dire que le $\sqrt{-1}$ était quelque chose d'impossible parce qu'il n'y a rien de concret qui lui réponde.

(2) Il en est de même pour l'Etat; la question à laquelle le juriste doit ré-

cherche seulement à savoir comment nous devons nous la représenter en droit. Les faits concrets de la vie qui sont réglés par l'institution juridique peuvent faire en eux-mêmes l'objet d'une étude historique, ou d'un examen à part de la science sociale. Mais ce sont des faits concrets qu'il ne faut pas faire rentrer dans le monde des idées abstraites, dans le domaine des règles de droit. Celles-ci n'existent que dans le monde des abstractions : elles constituent des idées et des impératifs qui règlent la vie pratique de l'homme (1).

Ces remarques doivent nous empêcher d'introduire dans le domaine juridique de la science de l'Etat, des méthodes étrangères que nous réserverons au côté social de cette science. Le juriste n'étudie dans le droit que les normes et leur contenu abstrait. La science sociale étudie le droit en tant que fonction sociale. La science sociale et l'histoire se proposent de connaître les causes du développement du droit, ses origines, les idées sociales, éthiques, nationales qui s'y manifestent, les agents et les moteurs du droit, ses répercussions sur l'ensemble de la vie nationale. Mais la méthode juridique peut seule faire comprendre le contenu propre des normes du droit : à elle seulement il est donné de saisir dans l'abstrait les règles juridiques et en déduire toutes les conséquences qu'elles comportent. Il est impossible de la remplacer par des méthodes de nature différente.

Dans chaque branche particulière du droit, dans l'étude du droit public notamment, le juriste doit conformer sa méthode aux particularités de son objet spécial. Méthode juridique ne veut pas dire simplement méthode de droit privé. Nul doute qu'à transporter aveuglément dans le droit public les modes d'investigation du droit privé, on ne commette une lourde faute; et cependant il est bien certain qu'il y a des formes gé-

pondre est celle-ci : comment faut-il qu'on se représente l'Etat pour pouvoir réunir toutes les normes qui s'y rapportent dans une notion unique non contradictoire (N. de G. F.).

(1) C'est la méconnaissance de cette relation qui a fait naître tant de controverses stériles dans la littérature la plus récente de la science de l'Etat. Dans cet ordre d'idées, il faut faire rentrer les tentatives inutiles qu'on a faites pour fonder des constructions juridiques sur la réalité naturelle de l'Etat, et aussi les théories qui identifient la conception naturelle de l'État avec sa conception juridique.

nérales communes à toutes les branches du droit : on ne saurait dire qu'il existe une méthode juridique de droit privé complètement distincte de la méthode juridique en droit public. Pour nous servir d'une analogie, serait-on fondé à dire, en matière de sciences naturelles, que la chimie a une méthode tout à fait autonome, ou que la mécanique se suffise à elle-même? Il est plus exact de reconnaître que la méthode juridique, une dans son essence, doit, comme toute méthode, s'adapter aux particularités de la matière spéciale qu'elle étudie. Les rapports de droit public n'ont pas la même conformation que les rapports de droit privé. Une méthode juridique judicieuse s'inspirera de ces différences.

Cette maxime, il est vrai, n'est pas toujours suivie; mais cela ne prouve rien contre l'unité de méthode, cela prouve simplement qu'on n'a pas su toujours la mettre en œuvre.

TOULOUSE. — IMP. A. CHAUVIN ET FILS, RUE DES SALENQUES, 28.

www.ingramcontent.com/pod-product-compliance
Lightning Source LLC
LaVergne TN
LVHW020507230826
846091LV00008BA/3392
9782019275426